Este libro
pertenece a:

....

....

Mis abuelitos
son especiales

Texto: *Jennifer Moore-Mallinos*

Ilustraciones: *Marta Fàbrega*

BARRON'S

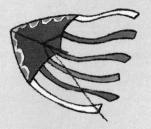

Mis abuelitos son especiales. Pasamos
mucho tiempo juntos. Cada domingo vamos
a su casa a comer. Es una tradición familiar.
¿Cuántos abuelitos tienes? Tal vez tengas
cuatro, dos abuelitas y dos abuelitos.

La abuelita dispone la mesa
del comedor con su mejor
vajilla y una reluciente cristalería,
y siempre nos sorprende con
un postre muy especial.
¡La semana pasada hizo la mejor
torta de chocolate del mundo!
¡Estaba riquísima!

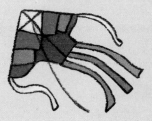

Durante la comida, el abuelito nos cuenta historias de cuando era niño.

¡Es difícil imaginar que se pueda crecer sin hornos microondas ni computadoras!

Después de comer nos sentamos a jugar a las cartas o a algún juego de mesa, como las damas o el dominó.

Aunque el abuelito siempre me deja ganar, las damas siempre ha sido mi juego preferido.

Mis abuelitos son especiales. Juntos hacemos
un montón de cosas divertidas. Al abuelito
y a mí nos encanta ir al parque en bicicleta.
¡El abuelito es muy rápido! ¡Por más fuerte que
pedalee, nunca lo puedo alcanzar!

A veces, cuando
la abuelita viene con
nosotros, volamos
las cometas y jugamos
a ver quién consigue
que suba más alto.
La abuelita es la mejor,
¡y siempre gana!

Pero cuando jugamos
a correr y perseguirnos,
¡yo soy el más rápido!

Mis abuelitos son muy inteligentes
y siempre me enseñan algo nuevo.
La abuelita me enseña cosas
interesantes sobre jardinería
y a preparar galletitas; el abuelito
me enseña a construir cosas con
madera, como molinillos de viento,
cochecitos de juguete e incluso
casitas para los pájaros.

Los abuelitos son muy amables y considerados. Ayer organizaron una fiesta especial de cumpleaños para la mamá de la abuelita. La mamá de mi abuelita es mi bisabuela. ¡Ella también es muy especial! Siempre me hace reír. Una vez, cuando vino de visita, trajo una caja llena de viejas fotografías. Fue divertido ver a la bisabuela cuando era joven, muy arreglada con un vestido muy antiguo y un peinado raro y complicado.

Pero la bisabuela ha empezado a cambiar;
es ya muy viejita. En su torta de cumpleaños
había muchísimas velitas, y tiene el pelo casi
todo canoso y siempre habla sobre las cremas
que se pone en la cara
para suavizar
las arrugas
de su piel.

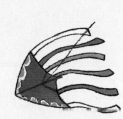

La bisabuela tiene más molestias y dolores que antes. Tiene las piernas cansadas y le duelen por la artritis, por lo que usa un bastón para ayudarse a caminar. Aunque lo intentara, no podría hacer ya las mismas cosas que antes, así que en lugar de jugar al voleibol con toda la familia, se sentó en su silla de jardín y desde allí nos animaba.

Mis abuelitos no son muy ancianos
y todavía hacemos juntos todo lo que
nos gusta, pero, igual que la bisabuela,
cambiarán y se harán más viejos.
Cuando eso suceda,
me sentiré muy triste.
Voy a echar de menos
todas las cosas que
hacemos juntos,
como montar
en bicicleta en el
parque y jugar
a perseguirnos.

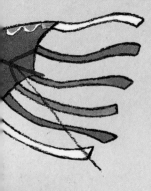

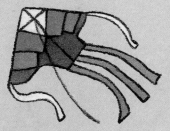

Pienso en lo que sucederá cuando los abuelitos se hagan viejos. Las comidas del domingo serán entonces en casa. Será una nueva tradición familiar. Yo ayudaré a mi mamá a poner la mesa del comedor con nuestra mejor vajilla y vasos muy relucientes y ella preparará un postre muy especial, como los de la abuelita.

No importa que los abuelitos
envejezcan; siempre lo
pasaremos muy bien juntos.
La abuelita y yo nos
divertiremos haciendo
galletitas y en lugar
de ir al parque en bicicleta,
el abuelito y yo iremos
caminando. Y por más vieja
que sea la abuelita, siempre
será la mejor volando
cometas, como la bisabuela
siempre será la que más
me haga reír.

Mis abuelitos siempre serán especiales para mí. Siempre lo pasaremos bien cuando estemos juntos y seremos amigos. Aunque vayan cambiando y se vean distintos por fuera, como la bisabuela, por dentro continuarán siendo los mismos, y eso nunca cambiará. Todos somos afortunados de tener abuelitos. Algunos tenemos sólo un abuelito y hay abuelitos que viven muy lejos de nosotros; algunos abuelitos son jóvenes y otros se van haciendo mayores, pero pase lo que pase, ¡todos los abuelitos son muy especiales!

guía
para los padres

Mis abuelitos son especiales es un homenaje a todos los abuelos y bisabuelos, sean jóvenes o no. Aquí se reconoce el importante papel que ellos tienen en nuestras familias y las muchas cosas maravillosas que aportan para que cada familia sea especial.

Este libro le ofrecerá la posibilidad de conversar con sus hijos sobre todas las cosas que hacen de sus abuelos personas únicas.

Mis abuelitos son especiales se puede usar como auxiliar interactivo para ayudar a comprender el envejecimiento. Proporciona la oportunidad de discutir algunos de los cambios físicos y las diversas dificultades que enfrentan las personas durante el proceso de envejecimiento. Algunos cambios físicos asociados con este proceso son el pelo canoso y la piel arrugada. A medida que las personas envejecen, su movilidad, la vista o el oído pueden presentar dificultades y, como resultado, afectar su capacidad de participar en ciertas actividades o realizar determinadas tareas. Por lo tanto, algunos ancianos pueden necesitar la ayuda de un bastón, un andador, una silla de ruedas o un audífono.

Esperamos que cuando usted lea este libro a sus hijos, éstos adquieran cierta idea de lo que significa envejecer y ganen mayor aprecio y comprensión hacia la gente mayor en general.

Cada familia es única y especial a su manera. Algunas familias tienen sólo un abuelo, mientras que otras tienen los cuatro abuelos e incluso bisabuelos. Algunos se encuentran lejos o en otros países, mientras que otros viven en la misma comunidad o incluso en la misma casa. Hay abuelos relativamente jóvenes y otros que son muy viejos. Incluso el nombre por el que los llamamos es especial: abu, buela, bueli, yayo, yaya...

Busquemos la forma y el momento de mostrar agradecimiento a nuestros abuelos y reconocer todas las cosas maravillosas que ofrecen a nuestra familia. Y sobre todo, no olvidemos que aunque por fuera parezcan diferentes, por dentro continúan siendo los mismos, y eso es lo que cuenta de verdad.

Mis abuelitos son especiales

Primera edición para Estados Unidos y Canadá publicada en 2006
por Barron's Educational Series, Inc.
© Copyright 2006 de Gemser Publications, S.L.
El Castell, 38; Teià (08329) Barcelona, Spain (World Rights)

Texto: **Jennifer Moore-Mallinos**
Ilustraciones: **Marta Fàbrega**

Dirigir toda correspondencia a:
Barron's Educational Series, Inc.
250 Wireless Boulevard
Hauppauge, New York 11788
http://www.barronseduc.com

ISBN-13: 978-0-7641-3507-1
ISBN-10: 0-7641-3507-4
Library of Congress Control Number 2005938268

Impreso en China
9 8 7 6 5 4 3 2 1

Reservados todos los derechos. Prohibida la reproducción total o parcial de esta obra mediante cualquier medio o procedimiento, comprendidos la impresión, la reprografía, el microfilm, el tratamiento informático o cualquier otro sistema, sin permiso escrito del propietario de los derechos.